# 大正時代へタイムワープ

マンガ：柏葉比呂樹／ストーリー：チーム・ガリレオ／監修：河合 敦

## はじめに

大正時代は、明治時代に近代国家に生まれ変わった日本が、ますます近代的な変化をとげていった時代です。

この時代について、学校の授業では、第1次世界大戦が始まって輸出が増えて好景気になったこと、戦後すぐに不況になったこと、近代化の一方で公害などの社会問題も生まれたこと、人々の民主主義への意識が高まったこと（大正デモクラシー）などを学習します。

マンガでは、大正時代の日本にタイムワープしたライトとルナの兄妹が、当時の人々と知り合って、彼らの暮らしぶりなどを体験します。

さあ、ふたりといっしょに大正時代へ冒険に出かけましょう。

監修者　河合 敦

# 今回のタイムワープの舞台は…？

| 年代 | 時代区分 | 時代 | 出来事 |
|---|---|---|---|
| 4万年前 | 先史時代 | 旧石器時代 | 日本人の祖先が住み着く |
| 2万年前 | | | |
| 1万年前 | | 縄文時代 | 土器を作り始める／貝塚が作られる／米作りが伝わる |
| 2000年前 | | 弥生時代 | |
| 1500年前 | | 古墳時代／飛鳥時代 | 大和朝廷が生まれる |
| 1400年前 | | | |
| 1300年前 | 古代 | 奈良時代 | 平城京が都になる |
| 1200年前 | | | 平安京が都になる |
| 1100年前 | | 平安時代 | |
| 1000年前 | | | |
| 900年前 | | | |
| 800年前 | 中世 | 鎌倉時代 | モンゴル（元）軍が2度攻めてくる |
| 700年前 | | | 室町幕府が開かれる |
| 600年前 | | 室町時代 | 金閣や銀閣がつくられる |
| 500年前 | | | |
| 400年前 | 近世 | 安土桃山時代 | 江戸幕府が開かれる |
| 300年前 | | 江戸時代 | |
| 200年前 | | | 明治維新 |
| 100年前 | 近代 | 明治時代 | 大正デモクラシー |
| | | 大正時代 | 太平洋戦争／高度経済成長 |
| 50年前 | 現代 | 昭和時代 | |
| | | 平成時代 | |
| | | 令和時代 | |

- 米作りが広まる
- 巨大なお墓（古墳）がつくられる
- 奈良の大仏がつくられる
- 華やかな貴族の時代
- 鎌倉幕府が開かれる（武士の時代の始まり）
- 戦国時代
- 町人文化が盛んになる
- 文明開化
- 現代

ココ!!

# もくじ

1章 大正時代へタイムワープ！ 8ページ

2章 浅草を探検！ 26ページ

3章 「成金」をやっつけろ！ 42ページ

4章 演説会でひと騒ぎ 58ページ

5章 おもしろい遊びがいっぱい！ 74ページ

6章 関東大震災直後の街で 92ページ

7章 ケイコと再会！ 108ページ

## 歴史なるほどメモ

1 大正時代ってどんな時代？ 24ページ
2 大衆文化が花盛り 40ページ
3 社会運動の高まり 56ページ
4 普通選挙運動の広がり 72ページ
5 大正時代の子どもは何をして遊んだ？ 90ページ
6 関東大震災 106ページ
7 大正時代の人々の暮らしと住まい 122ページ
8 「サラリーマン」と「職業婦人」 138ページ
9 大正時代の食べ物紹介 154ページ
10 長い不況と戦争への道のり 172ページ

8章 パズルのなぞを解け！ 124ページ
9章 パズルを取り戻せ！ 140ページ
10章 なぞが解けた！ 156ページ

### 教えて!! 河合先生 大正時代おまけ話

1 大正時代ヒトコマ博物館 174ページ
2 大正時代ビックリ報告 176ページ
3 大正時代ニンゲンファイル 178ページ
4 大正時代ウンチクこぼれ話 180ページ

## 登場人物

### ライト

ルナのお兄ちゃん。
本を読むのが好きで、物知り。
運動は苦手で気が弱いけれど、
とっても妹思い。
大正時代へタイムワープして
戸惑いながらも
元の時代に戻るために
勇気と知恵をふり絞る。

### ルナ

ライトの妹。
元気いっぱい、好奇心旺盛で
運動神経抜群の女の子。
大正時代にもすぐになじみ、
興味を持ったことには
何にでも
首を突っ込んで
騒動を巻き起こす。

### ケイコ

ライトとルナが
タイムワープして出会った
大正時代の女学生。
正義感が強い。
平塚雷鳥を尊敬している。

### 尾崎行雄

政治家。
だれもが政治に
参加できる
世の中を
目指している。

### 平塚雷鳥

社会運動家。
女性の地位
向上のために
力を尽くして
いる。

### 江戸川乱歩

推理小説家。
ライトたちが
元の時代に戻る
ヒントを与える。

### 宮沢賢治

童話作家。
ライトと一緒に、
迷子になった
ルナを捜す。

# 1章
## 大正時代へタイムワープ！

## TIME WARP memo
歴史なるほどメモ①

# 大正時代ってどんな時代?

### ① 大衆文化と「大正デモクラシー」

大正時代は、今から100年くらい前の、15年間足らずのほんの短い時代です。しかし、その間に日本はさまざまな変化がありました。

経済が発展してヨーロッパ（西洋、欧米）風の生活様式が広まりました。新聞や雑誌の部数が増え、ラジオ放送も始まって、映画、歌謡曲、スポーツなどの娯楽をたくさんの人が楽しむようになったのです。

一方で、貧富の差が広がり、公害が発生して、政治に不満を抱く人が増えたのもこの時代です。政治への参加を求める「大正デモクラシー」の風潮のなか、女性や労働者などによる社会運動も高まりました。

> ラジオ放送も大正時代に始まったんだ！

大正時代の東京駅
現在の駅舎は当時の姿を復元したもの

『帝都の大玄関東京駅の壮観』（絵葉書）東京都立中央図書館蔵

## ② 第1次世界大戦と日本

当時の日本に大きな影響を与えたのが、日本も参戦した第1次世界大戦です。戦場となったヨーロッパにかわり、日本でつくったものが世界中にたくさん輸出され、日本の経済は大きく発展しました。第1次世界大戦をきっかけに豊かになる人たちがいる一方で、物価が上がって苦しむ人たちも増えました。米の安売りを求める「米騒動」が全国に広がるなど、政治への不満がふくらむきっかけにもなりました。

「米騒動」の様子を伝える当時の新聞
富山県の魚津の女性たちの行動を機に、全国に広がった
写真：朝日新聞社

### もの知りコラム

#### 戦争で金持ちになった「成金」

第1次世界大戦の時には、世界各国から日本にさまざまな注文が届きました。この機を逃さず、商売に成功し、あっという間に金持ちになる人たちが次々と生まれます。彼らは、「成金」といわれました。将棋の「歩」という駒が、敵陣に入ると裏返って強い駒の「金」になることから生まれた呼び名です。成金が特に多かったのは造船業や海運業に携わる人たちで、「船成金」ともいわれました。

「成金」の姿を描いた絵
「暗くてお靴が分らないわ」という女性に対し、成金がお札を燃やして「どうだ明くなったろう」と言っている
和田邦坊画『現代漫画大観第三編明治大正史』から

# 2章 浅草を探検！

何だろ？

おっ！コレが今ハヤリの「活動写真（かつどうしゃしん）」か！カエルのお化（ば）けが出（で）るんだって？

おもしろそう！

さぁさぁ我（われ）らが主人公（しゅじんこう）児雷也（じらいや）はこのピンチを切（き）り抜（ぬ）けることができるのか……!?

# TIME WARP memo
## 歴史なるほどメモ②

# 大衆文化が花盛り

## ① 「活動写真」が大人気

大正時代は、経済が発展したことで、人々の生活の水準が上がり、娯楽に時間やお金を費やす余裕が生まれて、大衆文化が大いに発達しました。

特に人気があったのが映画です。「動く写真」という意味で「活動写真」と呼ばれ、子どもから大人までこぞって見にいきました。東京・浅草にはたくさんの映画館が立ち並び、多くの人でにぎわいました。

### もの知りコラム
### 「無声映画」の花形「人気弁士」は引っ張りだこ

映画は、最初は声や音楽の入っていない「無声映画」だったので、「活動弁士」が画面に合わせて内容を説明し、「楽士」が音楽を演奏しました。「人気弁士」は映画館専属で、引き抜きも行われました。しかし、やがて「トーキー」と呼ばれる「発声映画」が登場し、弁士は消えました。

**浅草六区の様子**
浅草は東京の代表的な娯楽街で、特に「六区」と呼ばれる地域にはたくさんの映画館が立ち並び、にぎわった
『浅草公園六区活動街』（絵葉書）
東京都立中央図書館蔵

**尾上松之助**
大正時代の「活動写真」の大スター。「目玉の松ちゃん」と親しまれた
国立国会図書館HPから

40

## ② 新聞、雑誌、ラジオも人気

大正時代には、100万部を超える新聞が現れ、たくさんの雑誌も読まれるようになりました。子ども向けの雑誌もいくつも創刊されました。また、レコードが普及し、1925（大正14）年には東京からラジオ放送が始まって、大阪、名古屋でも放送が開始されました。

こうしたメディアの発達によって、大ヒットする小説や歌謡曲などが生まれ、学生野球などのスポーツも新聞やラジオで伝えられて、大衆の娯楽として広まっていきました。

### 大正時代のキーパーソン ①
### 「芥川賞」に名を残す文豪
### 芥川龍之介

★生没年 1892～1927年
大正時代の作家。中国の小説を題材にした『杜子春』などの作品がある。純文学の新人作家が対象の「芥川賞」にその名を残す。

国立国会図書館HP から

「赤い鳥」
大正時代に創刊された代表的な子ども向け雑誌。創刊号には芥川龍之介の『蜘蛛の糸』も掲載された。写真は復刻版
写真：朝日新聞社

初期のラジオ
当初は一日5時間だけの放送だったが、家族みんながラジオの前に集まって聞いた。写真は1929（昭和4）年発売のもの
写真：シャープ株式会社

松井須磨子
明治、大正時代の女優。「復活」という劇の中で歌われた「カチューシャの唄」が全国的にヒットした
国立国会図書館HP から

ルナも読んでみたい！

41

# 3章
# 「成金」を
# やっつけろ！

* 「成金」については25ページを見よう

# 社会運動の高まり

## ① 労働者たちが団結した

大正時代は、社会の中で恵まれない立場の人たちが立ち上がり、社会運動が活発になった時代です。長い時間、安い賃金で働いている労働者たちが団結し、工場などを経営する資本家たちに対して待遇改善を要求する労働運動が高まりました。農村では農民運動も激しくなりました。

**メーデーを描いた風刺画**
メーデーとは労働者が団結して権利を要求する日で、毎年5月（英語で「メイ」）1日が世界的にメーデーとされている。日本初のメーデーは1920（大正9）年に行われた。上の絵は、たくさんの労働者の集会を見て、逃げ出している資本家らの姿を描いている

## ② 社会主義政党の誕生

平等な社会の実現をめざす社会主義の思想は、ヨーロッパで生まれて明治時代の終わり頃に日本にも入ってきました。社会主義者は世の中を混乱させるとして政府から度重なる弾圧を受けますが、1922（大正11）年には日本共産党がひそかに結成されています。

### もの知りコラム

**「パン・平和・自由」を求めて ロシアで社会主義革命**

ロシアでは、皇帝に対する国民の不満が高まり、「パン・平和・自由」を求めて労働者たちが立ち上がりました。これが大きな力となり、第1次世界大戦中に皇帝が倒されます。そして世界で初めて、労働者たちを中心とする社会主義の政権が生まれました（ロシア革命）。

ロシア革命を指導したレーニンの像

## ③ 女性解放運動の広がり

当時の世の中には、男女差別の風潮がありました。差別をなくすために、女性解放運動が盛んになり、女子の高等教育の充実や男女共学の実現、政治活動の自由や女性参政権を求める活動が行われました。

「青鞜」の表紙
平塚雷鳥が設立した青鞜社が発行した、女性たちだけの手による雑誌。創刊号で雷鳥が「元始、女性は実に太陽であった」と宣言した

**大正時代のキーパーソン 2**
「新しい女」をめざした
**平塚雷鳥**

★生没年 1886～1971年

明治～昭和時代の女性解放運動家。古い習慣にしばられない「新しい女」をめざし、青鞜社や新婦人協会を設立した。

## ④ 理不尽な差別との闘い

古くから厳しい差別を受け続けてきた被差別部落の人々は、人間らしく平等に生きる権利を勝ちとろうと部落解放運動を進め、1922（大正11）年には京都で全国水平社が結成されました。北海道では、先住民族のアイヌの人たちによる解放運動が起こっています。

わたしも「新しい女」になるわ！

全国水平社青年同盟の演説会で、差別との闘いをうったえる少年

写真：すべて朝日新聞社

# 4章 演説会でひと騒ぎ

屋外の演説会はよく行われていたよ。

東京・芝公園

# TIME WARP memo
## 歴史なるほどメモ④

# 普通選挙運動の広がり

## ① 納税額にかかわらず選挙権を！

大正時代には、国民の意見を政治に反映すべきだという民主主義の考え方が広まりました。これを大正デモクラシーといいます。

しかし、当時、選挙権があったのは一定の税金を納める25歳以上の男子だけでした。そこで、納税した額にかかわらず選挙権が与えられる普通選挙を求める運動が始まりました。

**大正時代のキーパーソン 3**
**日本の民主主義の父**
**吉野作造**

★生没年 1878～1933年
大正、昭和時代の政治学者。民本主義（現在の民主主義）を唱える論文を発表し、大正デモクラシーのさきがけとなった。

人がいっぱいだわ！

普通選挙を求めるデモ
1919（大正8）年、普通選挙を求める大勢のデモ隊が帝国議会議事堂（上）につめかけた

## ② 普通選挙法の成立

普通選挙を求める運動は全国に広がり、各地で大規模なデモなどが行われました。そんな国民の声に押される形で、1925（大正14）年に普通選挙法が成立し、納税した額にかかわらず、25歳以上のすべての男子に選挙権が与えられました。ただし、女子には認められませんでした。

ただ、同時に治安維持法も制定されて、社会主義者などへの取り締まりがより厳しくなりました。

### 大正時代のキーパーソン 4
**普通選挙実現に力を尽くした**
## 尾崎行雄

★生没年 1858〜1954年
明治〜昭和時代の政治家。普通選挙実現に力を尽くした。文部大臣や東京市長を務め、60年間も衆議院議員として活躍した。

### もの知りコラム
## 初の普通選挙は大盛り上がり

普通選挙法の成立から3年後の1928（昭和3）年2月、衆議院議員を選ぶ初めての普通選挙が行われました。選挙権を待ちわびた人たちがたくさん投票所におしかけて、大いに盛り上がりました。

候補者の「畑桃作」氏のポスター
畑氏は、群馬2区で日本農民党から立候補しました。この選挙では落選しましたが、4年後に当選している

投票所に行列する人々
東京府東京市本郷区（現在の東京都文京区）の投票所にて

投票を呼びかけるポスター

写真：すべて朝日新聞社

# 5章 おもしろい遊びがいっぱい！

何か事情がありそうね　聞かせてちょうだい

わたしだけこんなごちそうを食べたら弟や妹に申し訳なくて……

ケイコちゃん弟や妹がいるんだ！

ええ……今もおなかをすかせてわたしの帰りを待っているわ

そうだったんだ……

# TIME WARP memo
## 歴史なるほどメモ⑤

# 大正時代の子どもは何をして遊んだ？

経済が発展していろいろな娯楽が生まれた大正時代には、子どもたちもさまざまな遊びを楽しむようになりました。その様子を紹介しましょう。

### 駄菓子屋

大正時代の駄菓子屋の様子の再現。食べ物や飲み物だけでなくおもちゃも売っていて、店の前はいつも子どもたちでにぎわっていた。
写真：下町風俗資料館

### スケーター（大正スケート）

片足で乗り、もう片方の足で地面をけって進む。現在のキックスケーター。大正時代に木製のものが大流行し、その後も時々ブームが訪れている
兵庫県立歴史博物館蔵

### キューピー人形

アメリカ生まれのキューピーは、1913（大正2）年から日本でも人形がつくられて、子どもたちの間で大人気になった
兵庫県立歴史博物館蔵

90

## 双六

マンガ雑誌などに付録でついてくる双六も、子どもたちに人気があった。上の「少女通学すごろく」は当時の女の子の普段の生活の様子を、右の「幼年戦争双六」は、当時はやっていた兵隊ごっこの様子を描いている。

東京都立中央図書館 特別文庫室蔵

どっちもやってみたい!

# 6章
# 関東大震災直後の街で

このあたり活動写真館があったと思うんだけど

あそこは遊園地だったんじゃ？

# TIME WARP memo
## 歴史なるほどメモ⑥

# 関東大震災

## ① 首都圏を襲った巨大地震

1923（大正12）年9月1日午前11時58分のことです。神奈川県南部の相模湾一帯を震源とするマグニチュード7.9の巨大地震が発生しました。この地震による災害を、地震の揺れとともに起きた大火災によって、東京や神奈川県など関東地方を中心に、静岡県の東部にまで大きな被害が出ました。

### 関東大震災の被害状況

| | |
|---|---|
| 死者・行方不明者 | 約10万5千 |
| 全壊した家屋 | 約10万9千 |
| 半壊した家屋 | 約10万2千 |
| 焼失した家屋 | 約21万2千 |

参考：『理科年表 平成28年』国立天文台編

火災による被害も大きかったんだね！

## もの知りコラム
### 地震にともなって起きた大火災

関東大震災は、昼食の時間に襲ってきました。そのため、食事の準備で火を使っていた家が多く、134カ所から火が出ました。その火が、折しも日本海側にあった台風の影響による強風にあおられて、大火災となったのです。火災はほぼ2日間にわたって続きました。大火災で気温は上昇し、46℃に達したところもあったそうです。

関東大震災で焼け野原となった東京の市街地

## 関東大震災直後の風景

被災した人々への炊き出し

陸揚げされる救援物資。国内だけでなく、アメリカや中国など海外からも届けられた

震災で崩れた凌雲閣（通称 浅草十二階）

焼け落ちた新橋駅

## ② 復興で生まれ変わった東京

関東大震災による被害からの復興は、すみやかにスタートを切りました。

政府によって新しい都市計画が進められました。震災で破壊されつくした土地に大規模な道路整備が行われたり、鉄筋コンクリート製の燃えにくい建物などがつくられたりしていったのです。特に首都の東京や横浜といった大都市は、この大震災をきっかけに、近代的な都市として生まれ変わりました。

### 混乱の中で起きた事件

震災直後、人々は混乱していました。そんななか、日本にいる朝鮮人が「暴動を起こす」「井戸に毒を入れる」などという根拠のないウワサが広まります。そして、ウワサを信じた人々によって、多くの朝鮮人のほか中国人も殺されてしまいました。

また、この当時の政府が敵視していた社会主義者たちも、混乱の中で警察や軍などによってとらえられ、殺されてしまったのです。

写真：すべて朝日新聞社

# 7章
## ケイコと再会!

＊丸ビル＝1923（大正12）年に東京駅近くにできた「丸ノ内ビルヂング」の愛称。2002（平成14）年に全面改装した

なあ ルナ？

あの震災からまだ3年しかたってないのにもうこんなに復興しているなんてすごいなあ

ルナのためにも元の時代に戻らなきゃな

でもいったいどうすれば……

そう！雷鳥先生がおっしゃったように

バスガール

電話交換手

女性の仕事は増えて社会に出て働く女性——職業婦人はどんどん増えているわ

わたしも女学校を出た後出版社で編集者をしているのよ！

編集者！

スゴイ！

と言ってもまだまだ新米だけどね……

ところであなたたちは何をしているの？前に会った時と比べてあまり大きくなっていないような気が……

それは……

……

力になるわよ話を聞かせて

# TIME WARP memo
歴史なるほどメモ⑦

# 大正時代の人々の暮らしと住まい

## ① 電気、ガス、水道の普及

大正時代に入ると、都市部を中心に電気やガス、水道が一般の人々の家にも普及していったのです。

それまでの、明かりに石油ランプを使ったり、まきを燃やすかまどで食事をつくったり、井戸で水をくんだりしていたことに比べると、スイッチをひねれば電気がつく電灯や、火力の調整が簡単にできるガスコンロ、蛇口から水が出る水道は、生活をとても便利なものにしてくれました。

台所
電灯やガスコンロ、水道がある台所

## ② あこがれの文化住宅

大正時代後期から昭和時代初めにかけて流行し、人々のあこがれの的となったのが文化住宅です。これは、和風の住宅に洋風の部屋を一部取り入れたものです。都市部や都市の周りの住宅地などに建てられました。

一方、下町では、江戸時代さながらの長屋に住む人が、まだたくさんいました。もちろんこうした長屋にも、電気やガス、水道が普及していきました。

和風部分

文化住宅の「文化」は「近代的」という意味で使ったんだって!

122

洋室は、主に応接室として、来客があった時に使われた

**洋室**

家族で食事をしたり寝たりするのは和室の茶の間や居間だったのよ

**文化住宅**
（写真は昭和初期の建築の復元）

**洋風部分**

## もの知りコラム

### 関東大震災後につくられた集合住宅（アパート）

関東大震災後、同潤会という組織がつくられ、震災で家を失った人々のために、昭和時代初めにかけて東京と横浜で、全部合わせて16カ所にアパートをつくりました。これを同潤会アパートといいます。このアパートは、日本に近代的な集合住宅が流行するきっかけとなりました。

◆　◆　◆

同潤会アパートは鉄筋コンクリートでつくられ、当時の最新設備だった、水洗トイレやエレベーターを取り入れたりしたことも、話題となりました。

写真：すべて新宿歴史博物館

# 8章 パズルのなぞを解け！

見てて……

数字をずらせるんだ……

そう！ずらせるの！

でも光ってはいないみたいね……

うぅん！東京タワーで拾ったの！

あの時はたしかにポケットの中で光ってたんですけど……ルナ これ母さんに買ってもらったのか？

東京タワーで？タイムワープする前の場所か……

やっぱりこのパズルに何か秘密があるのかな……

秘密ってどんな？

いや それはわからないんですけど……

そういうことなら力になってくれそうな人を知っているわ！

＊少年探偵団シリーズ＝乱歩の子ども向け推理小説シリーズ。第1作の『怪人二十面相』は1936（昭和11）年に書かれた

教えてください！
その方法を！

さっき正解があると言ったよね

その並び方に戻して乗ればきっと元の時代に戻れる

なるほど！

ふふふ

その正解も乱歩先生にはもうわかってるんじゃないですか？

# TIME WARP memo
### 歴史なるほどメモ⑧

## 「サラリーマン」と「職業婦人」

### ① 「サラリーマン」の登場

明治時代まで人々は、田や畑で作物をつくったり、工場でものをつくったりしていました。しかし、経済が発展した大正時代になると、都市を中心に、会社に通って事務仕事を行い、給料（サラリー）をもらう人たちが増え、「サラリーマン」という言葉が生まれました。

地位の高くないサラリーマンは、「腰弁」とか、給料は安いけれど洋服を着ていることから「洋服細民」などと呼ばれました。

＊腰弁＝江戸時代の下級武士が腰に弁当を下げていたことから生まれた呼び名

> 今の「サラリーマン」の持ち物と あまり変わらないね！

名刺　映画の半券　印鑑　万年筆　くし　胃腸薬　弁当箱　マッチ・たばこ・ライター

大正時代の「サラリーマン」の持ち物　　写真：新宿区立新宿歴史博物館

138

## ② 活躍する「職業婦人」たち

大正時代は、男性中心の社会を変えようとする女性たちの運動などの影響で、女性も積極的に社会に出て働くようになりました。女性の働きの場は広がり、電話交換手、タイピスト、バスガールなどの新しい職業が生まれました。

このような仕事に就く女性は「職業婦人」と呼ばれました。しかし、結婚すれば女性は仕事をやめるというのが一般的な考えでした。

**電話交換手**
当時の電話は自動で相手につながらず、交換手が番号を聞いてつないでいた。写真は養成所の様子

> はい ○○番ですね 今つなぎます

**タイピスト**
タイプライターのキーを見ずに文字を打つ練習をしているところ。1915（大正4）年には和文タイプライターも開発され、普及した

> 素早く打つのデスよ！

**バスガール**
乗合自動車（バス）で車内の案内をしたり、切符を売ったりする女性。「職業婦人」の花形といわれた

> 出発しま〜す お急ぎくださ〜い

写真：クレジットのないものは朝日新聞社

---

### もの知りコラム

## モガ・モボって何？

現代的であることを表す「モダン」という言葉がはやり、流行の最先端を追いかける若い人を、モガ（モダンガール・モボ（モダンボーイ）と呼びました。

街を歩くモガとモボ

# 9章 パズルを取り戻せ！

どう？ライトくん 何かわかった？

数字代用法？

このノートすごいですよ！いろいろな暗号を細かく分類しているんです！

その中からまず「数字代用法」で考えてみたんですが……

違うわ 普通選挙を「祝う」集会よ

祝う……!?

ということは普通選挙が実現したんだ！

たくさん税金を納めていなくても選挙に参加できるようになったんですね！

ええ たくさんの国民の力でね おめでとうございます！

でも 去年認められたのは25歳以上のすべての「男子」だけ 女子は認められなかったのよ

雷鳥先生をはじめみんな力を尽くしたんだけど……

ええ!?

力及ばずすまなかった！

# 大正時代の食べ物紹介

欧米の食べ物の多くは明治時代には日本に持ち込まれていましたが、初めは主に上流階級の人たちの食べ物でした。しかし、次第に洋食も一般的になり、大正時代には庶民も口にするようになって、新しい食べ物や飲み物も発売されました。その中には、今も広く親しまれているものもたくさんあります。

## 三大洋食

洋食は、食堂のシェフなどによって日本人の口に合うように工夫され、やがて、一般家庭でもつくられるようになりました。なかでもトンカツ、コロッケ、カレーライスは日本の三大洋食といわれました。

### もの知りコラム

## 海軍から全国の家庭に広まったカレー

元はインド料理のカレーは、インドを植民地にしていたイギリスを経て、明治時代の日本に伝わりました。そして、栄養バランスのよい食事として海軍に取り入れられました。日露戦争の時には、全国から徴兵された兵士たちがこのカレーを知り、戦争が終わって故郷に帰ってから家庭でもつくるようになったのが、全国にカレーが広まったきっかけだといわれています。

「よこすか海軍カレー」のマスコット・スカレー
写真：朝日新聞社

大正時代の森永製菓の商品の広告
箱入りのキャラメル、ミルクチョコレート、ココアなどはいずれも大正時代に発売された

写真：森永製菓株式会社

## 大正生まれの お菓子・飲み物

ルナ どれも 好き〜っ！

一粒300M

グリコ
キャラメルに貝のカキに含まれるグリコーゲンという栄養素を入れていることから名前がついた　写真：江崎グリコ株式会社

初恋の味

カルピス
日本初の乳酸菌飲料「カルピス」。内モンゴルで今でも飲まれている「発酵乳」という飲み物をヒントに、「カルピス」は生まれた

写真：アサヒ飲料株式会社

# 10章
# なぞが解けた！

これが正解…なの？

3ケタ 3ケタ 2ケタの3つの数字がそれぞれ「高さ」を表しているんです

わかりやすく赤で印をつけますね

高さ？

ええ いちばん下の「52」

これはさっき成金さんも言っていた凌雲閣の高さ52mを表します

上の2つは東京スカイツリーの634mと東京タワーの333m

つまり東京3大タワーの高さを表しているんですよ！

634m
333m
52m

そうか…みなさんは東京スカイツリーも東京タワーも知らないんですよね

とにかくパズルで確かめましょう！

はい！

ええとここをこうして……

あ……違うか…ううんと……

丸ビルのエレベーター

乱歩先生の推理が正しければこれを持ってエレベーターに乗れば元の時代に戻れるはず……

大丈夫よ！乱歩先生原稿は遅いけど推理は一流だから！

ワクワク

…ケイコさんともお別れですね……

ええ？バイバイなの？ルナ もうちょっとケイコちゃんと遊びたい！

わたしももっと遊びたいわ……

でもルナちゃんのお友達やお母さんお父さんもきっとルナちゃんたちと遊びたいんじゃないかな？

# TIME WARP memo
## 歴史なるほどメモ⑩

# 長い不況と戦争への道のり

## ① 短い好景気と長い不況

第1次世界大戦は、日本に好景気をもたらしましたが（大戦景気）、長続きしませんでした。戦争が終わると輸出品が売れなくなり、すぐに不況がやってきたのです（戦後恐慌）。

戦争が終わると 外国への輸出品がなかなか売れなくなってしまったんだよ

さらに、1923（大正12）年の関東大震災は、日本の経済に大きな打撃を与えました。不況は大正時代が終わり、昭和時代に入っても続きました。都会では失業者があふれ、農村でも農作物の値段が大きく下がって生活が苦しくなりました。

## ② 満州国の建国

満州（中国東北部）は、日露戦争でその一部を支配して以降、日本が開発を進めていた土地でした。

政府や軍の中には、この満州こそ日本の経済を守るための大事な場所だと考える人々がいました。1931（昭和6）年、満州で日本が経営する鉄道が爆破されるという事件が起きました。じつは日本軍の一部による自作自演だったのですが、これを中国軍のしわざとして、攻撃を始めます（満州事変）。そして満州全土を占領し、1932（昭和7）年に満州国をつくりました。この国は独立国とされながら、実際は日本軍が政治の実権をにぎっていました。

満州国の皇帝となった溥儀

中国では1912年に清が滅び、中華民国が誕生した。溥儀は清の最後の皇帝だった

満州国をつくることに日本の政府は反対していたけど、軍の一部が独断で行ったんだ

172

## ③ 軍人による反乱とクーデター

軍の力が強まっていくなか、海軍の青年将校たちがクーデターを起こし、当時の総理大臣だった犬養毅らを暗殺するという事件が起きました。1932（昭和7）年の5月15日に起きたので、五・一五事件と呼ばれます。

次いで1936（昭和11）年2月26日には、陸軍の青年将校たちが反乱未遂事件を起こしました。これは二・二六事件と呼ばれます。

こうしたクーデターや反乱事件を通して、軍は政治への発言力をどんどん強めていったのでした。

二・二六事件で警視庁を占拠した陸軍の青年将校たち

## ④ 日中戦争と太平洋戦争への道

満州国の建国後、中国での勢力を拡大する日本に対して、中国は抵抗を強めていきました。

そして1937（昭和12）年7月、ついに日本軍と中国軍は中国・北京の郊外で軍事衝突を起こしたのです（盧溝橋事件）。

日本政府はこれ以上戦火を広げたくないと思っていましたが、軍の強硬派や世論におされて、ついに中国との全面戦争にふみきりました（日中戦争）。

この戦争は泥沼の長期戦となり、国際的な孤立を深めた日本は1941（昭和16）年、太平洋戦争に突入することになるのです。

中国の上海を進軍する日本の戦車部隊

写真：すべて朝日新聞社

# 教えて!! 河合先生

## 大正時代おまけ話

ぼくといっしょに、タイムワープの冒険を振り返ろう。マンガの裏話や、時代にまつわるおもしろ話も紹介するよ！

歴史研究家：河合 敦先生

### ① 大正時代 ヒトコマ博物館

同潤会アパート
（写真は青山アパートメント）

◀関東大震災のあと、ケイコの新しい家に招かれたライトとルナ。そこは、以前のボロボロの木造の長屋とは違った鉄筋アパートだった

クレジットのない写真：すべて朝日新聞社

174

# 教えて!! 河合先生
## 大正時代おまけ話

### ケイコさんが住んでたアパートかも？

河合先生：ライト、ルナ、お帰り！パズルが解けてよかったね。ライトはなぞときが得意なんだね、すごいな〜！

ライト：尊敬する江戸川乱歩先生とケイコさんのおかげです。

私の本、『暗号記法の分類』が役立ったね

ルナ：ルナ、ケイコちゃんともうちょっと遊びたかった！

河合先生：ケイコさんは、関東大震災（→106ページ）を乗り越えて、たくましく大正時代を生きていたね。

ライト：その震災のあとに住んでいた新しいアパートがキレイでびっくりしました。

河合先生：もしかしたら、ケイコさんのアパートは、「同潤会アパート」（→123ページ）だったのかもね。全部で16カ所あった同潤会アパートは、実はつい最近まで残っていたんだ。

ルナ：へー、そうなの？

河合先生：最後の「上野下アパートメント」が解体されたのは2013（平成25）年。右の写真は、東京の渋谷区にあった「青山アパートメント」で、今は店が入った「表参道ヒルズ」という、おしゃれなビルに生まれ変わってるよ。

ライト：ケイコさん、どこのアパートメントに暮らしてたんだろう？

河合先生：東京駅や東京大学の安田講堂など、大正時代にできて、今も使用されている建築がまだ残っているよ。今度、見学に行こう！

▲▼同潤会アパートのひとつである「代官山アパートメント」の住まいの内部
写真：UR都市機構集合住宅歴史館

ケイコちゃんのお家とよく似てるかも〜!!

▲表参道ヒルズには、当時のアパートの一部が再利用された建物がある

## 2 大正時代ビックリ報告

# 第1回参加校はたった10校！「夏の甲子園」が始まった

▲決勝戦は京都二中と秋田中でおこなわれた。試合は延長戦になり、十三回裏に京都二中がサヨナラで優勝

▶始球式は当時の朝日新聞社の社長（右端）がおこなった。左端の選手以外のかっこうが、当時の雰囲気をあらわしている

かっとばせ～！

### 統一ルールもこの時決めた

1915（大正4）年8月18日、第1回全国中等学校優勝野球大会がおこなわれました。これが、全国高等学校野球選手権大会（夏の甲子園）の始まりです。

第1回の参加校は、東北から九州までの9地区の予選を勝ち抜いた学校と、春の東京都下大会で優勝した早稲田実業の、たった10校でした。球場も兵庫県の阪神甲子園球場ではなく、大阪の豊中球場でした。当時は野球のルールも統一されていなくてバラバラだったので、この時に決めたそうです。

写真：すべて朝日新聞社

# 教えて!! 河合先生 — 大正時代おまけ話

## 騒動や戦争で中止になったことも

当時の日本は第1次世界大戦（→25ページ）の最中でした。大戦の影響で起きた米騒動（→25ページ）のため、第4回大会は中止になりました。このほかにも、太平洋戦争から敗戦までの5年間も中止になりました。野球を愛する若者のあこがれである夏の甲子園ですが、日本が平和で安全だからこそおこなうことができると覚えておきたいですね。

▲第1回大会で応援している人たち。男性がかぶっている帽子は、紳士がかぶるものとして当時はやっていたカンカン帽

▶1918（大正7）年の米騒動により、第4回大会が中止になったことを伝える新聞記事。予選を勝ち抜いた14校が大阪入りしていたが、中止となった

▲第10回大会からは、1924（大正13）年に完成した甲子園球場で開催されるようになった

## 宝塚の第1回公演も大正時代！

1914（大正3）年、兵庫県宝塚市にあった「宝塚新温泉」という温泉施設で「宝塚少女歌劇養成会（現在の宝塚歌劇団）」が初公演をおこないました。
女性だけによる劇団は世界でも珍しく、大人気となりました。歌・ダンス・劇を組み合わせた「レビュー」などの華やかな舞台は現在も続き、熱狂的なファンに支持されています。

▲歌劇団が誕生したきっかけは、1910（明治43）年に、箕面有馬電気軌道（写真。現在の阪急電鉄）が開業したこと。沿線の温泉施設で客を楽しませようと結成された

写真：朝日新聞社

## 3 大正時代 ニンゲンファイル

# 平塚らいてう

### 女性たちに「新しい生き方」を示した

▲女性だけの手による文芸誌『青鞜』結成当時のメンバー。平塚らいてうは後列の左から2人目。創刊号のはじめには、「元始、女性は実に太陽であった。真正の人であった。今、女性は月である。他に依って生き、他の光によって輝く病人のやうな蒼白い顔の月である」と宣言し、女性の自立を呼びかけた

**わたくしたちは月ではなく太陽なのです！**

**男尊女卑っておかしくない？**

平塚らいてう（→57ページ）は、明治・大正・昭和にかけて活躍した活動家です。長い間、日本に根づいていた「男尊女卑（女は男より下）」という考え方に、「それはおかしい」と疑問を持ち、自分らしく生きるために立ち上がった女性でした。

---

**平塚らいてう（1886～1971年）**
本名・平塚明。東京都出身、日本女子大学校卒。明治～昭和時代の女性解放運動家。1911（明治44）年、女性だけでつくった文芸誌『青鞜』を刊行。ほかにも、婦人参政権運動や、戦後は平和運動にも関わった。

# 教えて!! 河合先生 — 大正時代おまけ話

## 長く埋もれていた、大正・昭和の童謡詩人
# 金子みすゞ

「みんなちがって みんないい」

**金子みすゞ（1903～1930年）**
本名・金子テル。山口県出身の童謡詩人。10代半ばから詩をつくるようになり、生涯で500編ほどの作品をつくったとされる。26歳で自殺。代表作に「私と小鳥と鈴と」「大漁」などがある。

### 当時の有名な詩人も絶賛

金子みすゞは、大正時代後期から昭和初期に活躍した詩人です。女学校を卒業して、叔父の書店を手伝っていたみすゞは、20歳の頃から童謡・童話雑誌などに詩を投稿するようになります。彼女の詩は、みすゞが尊敬する有名な詩人・西条八十に絶賛され、女性詩人として期待されるようになりました。

### 不幸な結婚生活

みすゞは叔父のすすめで23歳で結婚します。すぐ娘に恵まれたものの、夫はみすゞが詩をつくることを許さなかったりしたため、離婚します。娘はみすゞが育てる約束でしたが、夫はその約束を守ろうとしませんでした。これに抵抗するため、みすゞは自殺しました。金子みすゞの作品は、長い間埋もれていましたが、1980年代に再び注目されるようになります。今では、小学校の国語の教科書などでも紹介されています。

## 良き妻・良き母なんて関係ない！

裕福な家に生まれた雷鳥ですが、父親は厳しく、「女は親の決めた相手と結婚すればいい」という考えの持ち主でした。しかも、せっかく進んだ女子大学校も、良き妻・良き母になるための教育がほとんど。妻や母になる以外に女性は生きる道はないの？ 雷鳥は卒業後も悩み続けました。

## 常識になんてとらわれない！

25歳の時、雷鳥は参加していた文学講習会の講師・生田長江に、「女性だけで雑誌をつくってみたら？」とすすめられます。そして、ついに『青鞜』という文芸誌を発行し、その中で女性の自立や権利について主張しました。
雷鳥はその後も、パートナーと婚姻届を出さずに同居する「事実婚」を選ぶなど、常識にとらわれない、女性の最先端の生き方を示し、85歳で亡くなりました。

# 4 大正時代 ウンチクこぼれ話

## 【甲子園の土、いつから?】

夏の甲子園では、敗れた選手たちが球場の土を持ち帰ることがあります。これは、1949（昭和24）年に準々決勝で敗れた福岡代表・小倉北高校のピッチャーが、土をつかんでポケットに入れたのが始まりとされています。

▶1958（昭和33）年、甲子園の土を持ち帰る沖縄代表・首里高校の選手たち。しかし、当時の沖縄はアメリカの統治下だったため、「海外」から土は持ち込めず、海に捨てられた

クレジットのない写真：すべて朝日新聞社

## 【子どものおしゃれ】

人々の着る服が、和服から洋服に変わったのも大正時代のことです。特に子ども向けの洋服は、動きやすく、洗たくしやすく、また和服よりも安くかんたんにつくれたため、おとなの洋服より先に広まりました。当時おしゃれだと人気だったのがセーラー服。男の子も女の子も着て、大流行しました。

▲大正時代の小学生の通学姿

## 【なぜノーベル賞を逃したの?】

千円札の顔でおなじみの野口英世（1876〜1928年）は、主に明治から大正時代に世界的に活躍した科学者です。彼は、細菌の梅毒スピロヘータ関連の研究が認められ、1914（大正3）年にノーベル医学生理学賞の候補となりましたが、惜しくも受賞できませんでした。その後4年間は第1次世界大戦の影響で、医学生理学賞は「該当なし」が続きます。そして1920（大正9）年にまたしても候補になりましたが、やはり受賞を逃しました。もしも戦争がなかったら、受賞できていたかもしれませんね。

日本人初のノーベル賞受賞者になりたかった……

▲野口英世のふるさと・福島県猪苗代町にある野口英世の像

# 教えて!! 河合先生 — 大正時代おまけ話

## 【大正時代に誕生した楽器】

1912（大正1）年に開発された楽器「大正琴」。今までの琴より音がかんたんに取れることなどから大人気になりました。

▲大正琴。左手で鍵をおさえながら右手のピックで弦をはじくと音が出る

写真：ピクスタ

「ルナのおばあちゃんもコレ持っているよ！」

## 【これからは空だ！】

1903年、アメリカのライト兄弟がエンジンのついた飛行機で空を飛ぶことに成功しました。それからというもの、空を飛ぶ技術の発達はめざましく、日本でも明治の終わりから大正にかけて、たくさんの飛行機や飛行船が飛ぶようになりました。

▲1910（明治43）年、日本で初めての飛行船「山田式1号」が完成。次の年には人を乗せた有人飛行にも成功した

## 【学校に必ずいた人】

みなさんの学校には、下の写真のように、本を読みながら歩く像はありますか？これは江戸時代に貧しい生まれながら一生懸命勉強し、農民のために立派な仕事をした二宮金次郎（二宮尊徳）がモデルです。大正時代から、日本中の小学校に建てられました。

「彼をお手本によく勉強して、国の役に立つおとなになってほしい」という、当時の学校教育の考え方があらわれています。

「今はあまり見かけないかも」

「大正時代の話はこれでおしまい！別の時代で、また会おうね！」

# 大正時代〜昭和時代初め 年表

## 大正時代

| 年 | できごと |
|---|---|
| 1912年 | 第1次護憲運動（藩閥政治を批判し政党政治を求める運動）が始まる |
| 1914年 | 東京駅が完成する |
| | 宝塚少女歌劇養成会（現在の宝塚歌劇団）の第1回公演が行われる |
| 1915年 | 第1次世界大戦が始まり、日本も参戦する |
| | 中国に「二十一カ条の要求」を出す |
| | 第1回全国中等学校優勝野球大会（現在の全国高等学校野球選手権大会〈夏の甲子園〉）が開かれる |
| | 大戦景気が始まる |
| 1918年 | 富山県の魚津で米騒動が起き、全国に広がる |
| | 第1次世界大戦が終わる |
| 1920年 | 国際連盟に加入する。戦後恐慌が始まる。平塚雷鳥らが新婦人協会をつくる |

182

## 昭和時代

| 年 | 出来事 |
|---|---|
| 1922年 | 全国水平社設立大会が行われる |
| 1923年 | 関東大震災 |
| 1924年 | 第2次護憲運動（政党政治や普通選挙を求める運動）が始まる |
| 1925年 | 憲政会、立憲政友会、革新倶楽部の3つの政党による護憲三派内閣ができる ラジオ放送が始まる。治安維持法、普通選挙法が公布される |
| 1927年 | 金融恐慌が始まる |
| 1931年 | 満州事変（〜1933年。満州で起きた日本軍と中国軍の武力衝突） |
| 1932年 | 五・一五事件（海軍の青年将校らによる反乱事件） |
| 1933年 | 国際連盟を脱退する |
| 1936年 | 二・二六事件（陸軍の青年将校らによるクーデター未遂事件） |
| 1937年 | 日中戦争が始まる（〜1945年） |

| | |
|---|---|
| 監修 | 河合敦 |
| 編集デスク | 大宮耕一、橋田真琴 |
| 編集スタッフ | 泉ひろえ、河西久実、庄野勢津子、十枝慶二、中原崇 |
| シナリオ | 十枝慶二 |
| 作画協力 | 清水洋三、すのうちよしこ |
| 着彩協力 | 楠美マユラ、合同会社スリーペンズ（chimaki、宮崎薫里絵、楠久恵） |
| コラムイラスト | 相馬哲也、番塲江里佳、イセケヌ |
| 参考文献 | 『早わかり日本史』河合敦著 日本実業出版社／『詳説 日本史研究 改訂版』佐藤信・五味文彦・高埜利彦・鳥海靖編 山川出版社／『山川 詳説日本史図録』詳説日本史図録編集委員会編 山川出版社／『21世紀こども百科 歴史館』小学館／『ニューワイドずかん百科 ビジュアル日本の歴史』学研／『ビジュアル大正クロニクル』世界文化社／『明治・大正図誌3 東京（三）』筑摩書房／『大正風俗スケッチ 東京あれこれ』竹内重雄画・文 図書刊行会／『ビジュアルガイド 明治・大正・昭和のくらし2 大正のくらしと文化』汐文社／「週刊マンガ日本史 改訂版」89、90号 朝日新聞出版 |

※本シリーズのマンガは、史実をもとに脚色を加えて構成しています。

## 大正時代へタイムワープ

2018年3月30日　第1刷発行
2022年6月20日　第7刷発行

| | |
|---|---|
| 著　者 | マンガ：柏葉比呂樹／ストーリー：チーム・ガリレオ |
| 発行者 | 片桐圭子 |
| 発行所 | 朝日新聞出版 |
| | 〒104-8011 |
| | 東京都中央区築地5-3-2 |
| | 編集　生活・文化編集部 |
| | 電話　03-5540-7015（編集） |
| | 　　　03-5540-7793（販売） |
| 印刷所 | 株式会社リーブルテック |

ISBN978-4-02-331673-7
本書は2017年刊『大正時代のサバイバル』を増補改訂し、改題したものです。

落丁・乱丁の場合は弊社業務部（03-5540-7800）へ
ご連絡ください。送料弊社負担にてお取り替えいたします。

©2018 Hiroki Kashiwaba, Asahi Shimbun Publications Inc.
Published in Japan by Asahi Shimbun Publications Inc.